PRODUKTION DER SICHERHEIT

PRODUKTION DER SICHERHEIT

- von -

Gustave de Molinari

Aus dem Französischen von
Jörg Guido Hülsmann und Reinhard Stiebler

Umschlaggestaltung von Alexander Mengden

Herausgegeben von Tomasz M. Froelich
in der

edition frei*t*um | #1
www.freitum.de

Das vorliegende Essay wurde ursprünglich und erstmals unter dem Titel „De la production de la sécurité" im *Journal des Économistes, 8. Jg., Bd. 22 (Dez. 1848 - März 1849), Guillaumin et Cie., Paris 1849, S. 277-90* veröffentlicht.

Die hier verwendete Übersetzung geht auf Jörg Guido Hülsmann und Reinhard Stiebler zurück und wurde zum ersten Mal in *Aufklärung und Kritik, Sonderheft 2/1998, S. 117-130* veröffentlicht. Einzig der Titel wurde leicht umgeändert („Produktion der Sicherheit" statt „Über die Produktion von Sicherheit").

Das Interesse des Konsumenten eines jedweden Gutes muss immer Vorrang gegenüber dem Interesse des Produzenten genießen.

- Gustave de Molinari

Geleitwort des Herausgebers

Der vorliegende Essay von Gustave de Molinari (1819-1912) ist für die radikalsten – und konsequentesten – Vertreter des Libertarismus, die Anarchokapitalisten, von besonderer Bedeutung, lässt sich doch mit seinem Erscheinen im Jahre 1849 die Geburtsstunde dessen, was heute als Anarchokapitalismus bezeichnet wird, datieren.

Als glühender Verfechter des freien Marktes stellte sich der konsistent denkende Molinari eine grundlegende Frage, der die meisten Liberalen in den Jahrhunderten zuvor aus dem Wege gegangen sind: Wenn der Markt nach Möglichkeit sonst schon alle gewünschten Güter bereitstellt, warum dann nicht auch Schutzdienstleistungen? Die Menschen hätten doch ein natürliches Bedürfnis nach Sicherheit, und es ist ja bekanntlich der Markt, der sich an den Bedürfnissen der Menschen orientiert.

Dass ausgerechnet die Regierung – und nur die Regierung - dieses Bedürfnis nach Sicherheit befriedigen soll, wurde und wird von kaum jemandem – nicht einmal von den klassisch Liberalen - hinterfragt, machte Molinari aber stutzig: der belgische Ökonom vertraute den Kräften des freien Marktes genauso wie dem Gravitationsgesetz, weshalb er dafür plädierte, die Produktion der

Sicherheit dem freien Wettbewerb auszusetzen, da man den Menschen nur auf diese Weise die größtmögliche Sicherheit zum kostengünstigsten Preis anbieten könne. (In einem seiner letzten Werke relativierte Molinari diese Sichtweise.)

Selbst für die toleranten, prinzipiell an kontroversen Ansichten interessierten Liberalen muss der Vorstoß von Molinari fast schon eine Provokation gewesen sein. Zwar waren auch sie Gegner eines zu mächtigen Staates, hielten diesen jedoch für notwendig, da sie davon ausgegangen sind, dass es einige wenige Aufgaben gibt, die freie Individuen auf dem freien Markt durch freiwillige Zusammenschlüsse nicht lösen können, wie etwa die Polizei, die Gerichte und die Landesverteidigung. Molinari widersprach dieser Sichtweise, sodass sich dem Leser seines Essays zwangsläufig die Frage nach der Existenzberechtigung des Staates stellt, wenn dem Staat bei Molinari selbst die Kompetenzen als „Nachtwächter" abgesprochen werden.

Dies war auch Molinaris Ziel. Ihm wird wohl bewusst gewesen sein, dass die Schlussfolgerungen seines Essays als utopisch erachtet würden. Seinen Argumenten, ihrer Logik und Überzeugungskraft tat dies jedoch keinen Abbruch. Molinari regte zu regierungskritischem Denken an. Er war dabei noch radikaler als seine laissez-faire-liberalen Mitstreiter aus Frankreich, das damals noch durchaus eine

Hochburg des freiheitlichen Denkens war – man denke nur an den eloquenten Frédéric Bastiat, der Molinari zunächst bestärkte, sich in der *Ligue pour la Liberté des Échanges* (Freihandelsbund) zu engagieren und ihn dann in seinem Totenbett liegend als Weiterführer seiner Arbeiten bezeichnete, auch wenn Bastiat der Ansicht war, dass Gerechtigkeit und Sicherheit nur durch staatliche Gewalt gewährleistet werden können – eine Ansicht, der Molinari in dem vorliegenden Essay widersprach.

Molinari kann bedenkenlos als einer der größten Freiheitsdenker seiner Zeit bezeichnet werden. Er setzte sich sein ganzes langes Leben lang für Frieden und Freiheit und gegen Sklaverei und staatliche Aggressionen ein. Für ihn galt: Freiheit vor Staat! Dies mag naiv klingen, ist aber grundvernünftig.

Um dem zunehmenden Staatsglauben, dem stärker werdenden Etatismus etwas entgegen zu setzen, ist nun Molinaris „Produktion der Sicherheit" in deutscher Sprache in Buchform erschienen. Dies wäre ohne die Übersetzung von Jörg Guido Hülsmann und Reinhard Stiebler und deren Zustimmung, diese im Rahmen dieses Buchprojektes verwenden zu dürfen, nicht möglich gewesen. Beiden gebührt daher großer Dank. Alexander Mengden danke ich für das Buchlayout.

Tomasz M. Froelich, Wien im Januar 2015

Produktion der Sicherheit[1]

Einleitung.

Es gibt zwei Arten, die Gesellschaft zu betrachten. Den einen zufolge hat kein von der Vorsehung bestimmtes, unabänderliches Gesetz bei der Bildung der verschiedenen menschlichen Gemeinschaften den Ausschlag gegeben; da sie von primitiven Gesetzgebern in rein künstlicher Weise organisiert wurden, können sie folglich, je nach dem Fortschritt der *Gesellschaftswissenschaft*, auch von anderen Gesetzgebern verändert oder umgestaltet werden. In

[1] Obgleich es scheinen könnte, als ob dieser Artikel in seinen Schlussfolgerungen von Utopien geprägt ist, glauben wir ihn dennoch publizieren zu müssen, um die Aufmerksamkeit der Ökonomen und Publizisten auf ein Problem zu lenken, das bisher nur in beiläufiger Art behandelt worden ist und das doch in der Epoche, in der wir uns befinden, mit größerer Präzision angegangen werden muss. So viele Leute übertreiben die Natur und die Kompetenzen der Regierung, dass es erforderlich geworden ist, streng die Grenzen zu bezeichnen, außerhalb derer der Eingriff der Autorität aufhört, schützend und gewinnbringend zu sein, und anarchisch und tyrannisch wird. [Anmerkung des Chefredakteurs des *Journal des Économistes*]

diesem System spielt die Regierung eine bedeutende Rolle, denn der Regierung obliegt als Treuhänderin des Autoritätsprinzips die Aufgabe, die Gesellschaft täglich zu verändern und neu zu gestalten.

Anderen zufolge ist die Gesellschaft dagegen eine rein natürliche Tatsache; wie die Erde, die sie trägt, bewegt sie sich aufgrund allgemeiner, bereits existierender Gesetze. In diesem System gibt es strenggenommen keine Gesellschaftswissenschaft; es gibt nur eine Wirtschaftswissenschaft, die den natürlichen Organismus der Gesellschaft studiert, und die darlegt, wie dieser Organismus funktioniert.

Worin besteht in diesem letzteren System aber die Funktion der Regierung und ihre natürliche Organisation? Das wollen wir nun untersuchen.

I.

Um die Funktion der Regierung gut definieren und abgrenzen zu können, müssen wir zunächst untersuchen, was die Gesellschaft überhaupt ist und was sie zum Gegenstand hat.

Welchem natürlichen Trieb gehorchen die Menschen, wenn sie sich in der Gesellschaft zusammenfinden?

Sie gehorchen dem Trieb bzw. genauer gesagt dem Instinkt der Geselligkeit. Das Menschengeschlecht ist seinem Wesen nach *gesellig*. Wie die Biber und die höheren Tiergattungen im allgemeinen, werden die Menschen instinktiv zum Leben in Gesellschaft getrieben.

Worin findet dieser Instinkt seine Berechtigung?

Der Mensch spürt eine Vielzahl von Bedürfnissen, deren Befriedigung ihm Freuden und deren Nichtbefriedigung ihm Leiden bereitet. Allein, isoliert kann er nun die ihn unaufhörlich bedrängenden Bedürfnisse nur auf unvollständige, ungenügende Art befriedigen. Der Geselligkeitsinstinkt bringt ihn seinesgleichen näher, treibt ihn, sich mit ihnen in Verbindung zu setzen. So stellt sich aufgrund des *Eigeninteresses* der so angenäherten Einzelnen eine gewisse *Arbeitsteilung* ein, welcher notwendigerweise der *Tausch* folgt; kurz, man kann die Bildung einer *Organisation* beobachten, mittels derer der Mensch seine Bedürfnisse viel umfassender befriedigen kann, als er es könnte, wenn er isoliert bliebe.

Diese natürliche Organisation heißt *Gesellschaft*.

Die Gesellschaft hat daher die vollständigere Befriedigung der Bedürfnisse des Menschen zum

Gegenstand; das Mittel ist die Arbeitsteilung und der Tausch.

Unter der Zahl der menschlichen Bedürfnisse gibt es ein besonderes, das eine immense Rolle in der Geschichte der Menschheit spielt: Das Bedürfnis nach Sicherheit.

Was ist das für ein Bedürfnis?

Gleich, ob sie isoliert oder in Gesellschaft leben, sind die Menschen vor allem daran interessiert, ihre Existenz und die Früchte ihrer Arbeit zu bewahren. Wäre das Gerechtigkeitsgefühl auf der Erde allgemein verbreitet, beschränkte sich infolgedessen jeder Mensch darauf, zu arbeiten und die Früchte seiner Arbeit auszutauschen, ohne anderen Menschen nach dem Leben zu trachten oder durch Gewalt oder List die Früchte ihrer Arbeit an sich zu reißen - mit einem Wort: Hätte jeder eine instinktive Abneigung gegen jede, anderen schädliche Handlung, so wäre es gewiss, dass *natürliche* Sicherheit auf der Erde herrschte und dass keine künstliche Einrichtung notwendig wäre, sie zu begründen. Unglücklicherweise verhält es sich nicht so. Das Gerechtigkeitsgefühl scheint nur das Erbteil gewisser höherer, außergewöhnlicher Naturen zu sein. Unter den niederen Völkern existiert es nur in rudimentärem Zustand. Von daher die unzähligen Vergehen, die seit dem Ursprung der Welt, seit Kain und Abel, an Leben und Eigentum von Personen ausgeübt wurden.

Von daher auch die Gründung von Einrichtungen, die dem Zweck dienen, jedermann den friedlichen Besitz seiner Person und seiner Güter zu garantieren.

Diese Einrichtungen haben den Namen *Regierungen* erhalten.

Überall, selbst unter den unaufgeklärtesten Völkerschaften trifft man auf eine Regierung, so allgemein und dringend ist das Sicherheitsbedürfnis, dem eine Regierung Rechnung trägt.

Überall finden sich die Menschen eher mit den schwersten Opfern ab, als auf eine Regierung - und folglich auf Sicherheit - zu verzichten, und man könnte nicht einmal sagen, dass sie schlecht rechnen, indem sie so handeln.

Angenommen etwa, dass ein Mensch sich unablässig an seiner Person und seinen Existenzmitteln bedroht findet, wäre dann nicht seine erste und beständigste Sorge, sich vor den Gefahren, die ihn umgeben, zu schützen? Diese Sorge, diese Bemühungen, diese Arbeit nähmen notwendigerweise den größten Teil seiner Zeit, ebenso wie die energischsten und aktivsten Fähigkeiten seiner Intelligenz ein. Daher könnte er der Befriedigung seiner übrigen Bedürfnisse nur ungenügende, unstete Arbeit und eine erschöpfte Aufmerksamkeit widmen.

Selbst wenn dieser Mensch gezwungen wäre, einen sehr beträchtlichen Teil seiner Arbeitszeit demjenigen zu opfern, der sich verpflichtete, ihm den friedlichen Besitz seiner Person und seiner Güter zu garantieren, gewönne er nicht immer noch bei diesem Handel?

Wie dem auch sei, jedenfalls bestünde sein offensichtliches Interesse darin, sich die *Sicherheit* zum niedrigsten Preis zu verschaffen.

II.

Wenn es in der politischen Ökonomie eine wohlbegründete Wahrheit gibt, so ist es diese:

Dass der Konsument unter allen Umständen, bei allen Gütern, die zur Befriedigung seiner Bedürfnisse dienen, daran interessiert ist, dass die Arbeit und der Tausch frei bleiben, da die Freiheit der Arbeit und des Tausches notwendig und dauerhaft zu einer größtmöglichen Preissenkung führen.

Und diese:

Dass das Interesse des Konsumenten eines jedweden Gutes immer Vorrang gegenüber dem Interesse des Produzenten genießen muss.

Folgt man nun diesen Grundsätzen, so gelangt man unausweichlich zu folgendem Schluss:

Dass die Produktion der Sicherheit im Interesse der Konsumenten dieses immateriellen Gutes dem Gesetz des freien Wettbewerbs unterworfen bleiben muss.

Woraus folgt:

Dass keine Regierung das Recht haben darf, eine andere Regierung daran zu hindern, sich in Konkurrenz zu ihr einzurichten oder die Sicherheitskonsumenten zu zwingen, sich für dieses Gut ausschließlich an sie zu wenden.

Ich muss jedoch zugeben, dass man bis jetzt vor dieser unausweichlichen Folgerung, die sich aus dem Grundsatz des freien Wettbewerbs ergibt, zurückgeschreckt ist.

Herr Charles Dunoyer zählt zu den Ökonomen, die die Anwendung des Freiheitsprinzips am weitesten getrieben haben. Er meint, dass die Funktionen der

Regierungen nie in den Bereich privater Tätigkeit fallen könnten.[2]

Hier wird also eine klare, offensichtliche Ausnahme von dem Grundsatz des freien Wettbewerbs vorgetragen.

Diese Ausnahme ist umso bemerkenswerter, als sie ganz alleine dasteht.

Zweifellos trifft man auf Ökonomen, die noch mehr Ausnahmen von diesem Grundsatz aufstellen; doch wir können unerschrocken versichern, dass dies keine reinen Ökonomen sind. Die wirklichen Ökonomen stimmen im allgemeinen darin überein, dass einerseits die Regierung sich darauf beschränken muss, die Sicherheit der Bürger zu garantieren, und dass andererseits die Freiheit der Arbeit und des Tausches in allen anderen Bereichen vollständig, absolut sein muss.

Doch wodurch rechtfertigt sich die Ausnahme in bezug auf die Sicherheit? Aus welchem besonderen Grund kann die Sicherheitsproduktion nicht dem freien Wettbewerb ausgesetzt werden? Warum muss

---

[2] In seinem bemerkenswerten Buch *De la liberté du travail* [*Von der Freiheit der Arbeit*], Bd. III, S. 253, herausgegeben von Guillaumin.

sie einem anderen Prinzip unterworfen und gemäß einem anderen System organisiert werden?

Über diesen Punkt schweigen sich die Meister der Wissenschaft aus, und Herr Dunoyer, der deutlich auf die Ausnahme hingewiesen hat, untersucht nicht, auf welchen Beweggrund sich diese stützt.

III.

Wir gelangen somit zu der Frage, ob diese Ausnahme begründet ist und ob sie es in den Augen eines Ökonomen sein kann. Es widerstrebt der Vernunft, zu glauben, dass ein wohlerwiesenes Naturgesetz irgendeine Ausnahme enthält. Ein Naturgesetz gilt überall und immer, oder es gilt nicht. Ich glaube etwa nicht, dass das allgemeine Gravitationsgesetz, das die physische Welt regiert, in irgendeinem Fall und an irgendeinem Punkt des Alls aufgehoben ist. Nun halte ich die ökonomischen Gesetze für Naturgesetze, und ich habe genauso viel Vertrauen in das Prinzip der Arbeitsteilung und das der Freiheit der Arbeit und des Tausches wie ich es in das Gesetz allgemeiner Gravitation haben kann. Daher glaube ich, dass, wenn diese Prinzipien auch *gestört* werden können, sie doch andererseits keine Ausnahme enthalten.

Wenn dem aber so ist, darf die Sicherheitsproduktion dem Gesetz des freien Wettbewerbs nicht entzogen werden; und wird sie es, so erleidet die ganze Gesellschaft davon einen Schaden.

Entweder ist dies logisch und wahr, oder die Grundsätze, auf die sich die Wirtschaftswissenschaft gründet, sind keine Grundsätze.

IV.

So gilt es uns, die wir an die Grundsätze der Wirtschaftswissenschaft glauben, als *a priori* bewiesen, dass die oben angedeutete Ausnahme nicht zu rechtfertigen ist und dass die Produktion von Sicherheit wie jede andere dem Gesetz des freien Wettbewerbs unterworfen sein muss.

Nachdem diese Überzeugung nun gewonnen ist, was bleibt uns zu tun? Wir müssen noch nachforschen, wie es dazu kommt, dass die Sicherheitsproduktion nicht dem Gesetz des freien Wettbewerbs, sondern anderen Prinzipien unterworfen ist.

Welches sind diese Prinzipien?

Die des *Monopols* und die des *Kommunismus.*

Es gibt in der ganzen Welt keine einzige Einrichtung der Sicherheitsindustrie, die nicht auf dem Monopol oder dem Kommunismus beruhte.

Diesbezüglich sollten wir am Rande eine einfache Bemerkung machen.

In den verschiedenen Zweigen menschlicher Tätigkeit, wo die politische Ökonomie das Monopol und den Kommunismus bis jetzt ausgemacht hat, verwirft sie sie gleichermaßen. Wäre es nicht merkwürdig, unerhört, wenn sie sie in der Sicherheitsindustrie akzeptierte?

V.

Überprüfen wir nun, wie es kommt, dass alle bekannten Regierungen dem Gesetz des Monopols unterworfen oder gemäß dem kommunistischen Prinzip organisiert sind.

Untersuchen wir zunächst, was man unter Monopol und Kommunismus versteht. Es ist eine beobachtete Wahrheit, dass, je dringender und notwendiger die Bedürfnisse des Menschen, desto beträchtlicher die Opfer sind, die er sich aufzuerlegen bereit ist, um sie zu befriedigen. Nun gibt es Dinge, die es in der Natur im Überfluss gibt und deren Produktion nur sehr wenig Arbeit erfordert; die jedoch, indem sie dazu dienen, dringende und notwendige Bedürfnisse zu stillen, einen Tauschwert erhalten können, der in keinem Verhältnis zu ihrem natürlichen Wert steht. Denken wir etwa an das Salz. Angenommen, es gelänge einem Menschen oder einer Vereinigung, sich exklusiv die Produktion und den Verkauf von Salz zu verschaffen, dann ist offensichtlich, dass dieser Mensch oder diese Vereinigung den Preis dieses Gutes weit über seinen Wert, weit über den Preis hinaus anheben könnte, den es unter der Herrschaft des freien Wettbewerbs gehabt hätte.

Man wird nun sagen, dass dieser Mensch oder diese Vereinigung ein Monopol besitzt und dass der Salzpreis ein Monopolpreis ist.

Doch ist offensichtlich, dass die Konsumenten nicht freiwillig zustimmen werden, den missbräuchlichen Monopolaufschlag zu bezahlen; man wird sie dazu zwingen müssen, und um sie dazu zu zwingen, wird man Gewalt einsetzen müssen.

Jedes Monopol stützt sich notwendigerweise auf Gewalt.

Was geschieht, wenn die Monopolisten aufhören, stärker als die von ihnen ausgebeuteten Konsumenten zu sein?

Stets verschwindet das Monopol schließlich, sei es gewalttätig oder infolge eines gütlichen Vergleichs. Was setzt man an seine Stelle?

Wenn sich die zusammengerotteten, aufständischen Konsumenten des Materials der Salzindustrie bemächtigt haben, ist es sehr wahrscheinlich, dass sie diese Industrie zu ihren Gunsten konfiszieren und dass ihr erster Gedanke sein wird, sie nicht etwa der freien Konkurrenz zu überlassen, sondern sie gemeinschaftlich zu ihren eigenen Gunsten auszubeuten. Sie werden daher einen Direktor oder einen Direktionsausschuss zur Salinenausbeutung ernennen, dem sie die nötigen Gelder einräumen werden, um die Kosten der Salzproduktion zu bestreiten; dann - weil die Erfahrung der Vergangenheit sie misstrauisch, vorsichtig gemacht haben wird, weil sie fürchten werden, dass der von ihnen bestellte Direktor sich der Produktion für seine eigene Rechnung bemächtigt und zu seinen Gunsten, auf offene oder verborgene Weise das alte Monopol wiederherstellt - werden sie Abgeordnete wählen, Vertreter, die den für die Produktionskosten notwendigen Geldern zustimmen müssen, die deren Verwendung zu überwachen und die zu kontrollieren haben, ob das produzierte Salz gleichmäßig unter allen Berechtigten verteilt wird. So wird die Salzproduktion organisiert sein. Diese Form der Produktionsorganisation trägt den Namen Kommunismus.

Wenn diese Organisation nur auf ein einziges Gut angewendet wird, nennt man den Kommunismus partiell. Wenn diese Organisation auf alle Güter angewendet wird, nennt man den Kommunismus vollständig.

Doch ob der Kommunismus partiell oder vollständig ist - die politische Ökonomie erkennt ihn nicht mehr an als das Monopol, von dem er nur eine Erweiterung darstellt.

VI.

Trifft das, was gerade vom Salz gesagt wurde, nicht augenscheinlich auch auf die Sicherheit zu? Ist es nicht die Geschichte aller Monarchien und aller Republiken? Überall wurde die Produktion von Sicherheit zunächst als Monopol organisiert, und überall tendiert sie heute dazu, sich als Kommunismus zu organisieren.

Der Grund ist der folgende.

Unter den dem Menschen notwendigen materiellen oder immateriellen Gütern ist keines, außer vielleicht dem Korn, unabdinglicher und kann daher eine höhere Monopolsteuer vertragen.

Keines kann auch so leicht an ein Monopol fallen.

Was ist denn die Lage der Menschen, die der Sicherheit bedürfen? Sie sind schwach. Was ist die Lage derjenigen, die sich verpflichten, ihnen diese notwendige Sicherheit zu verschaffen? Sie sind stark. Wäre es anders, wären die Konsumenten von Sicherheit stärker als die Produzenten, so nähmen sie offensichtlich nicht deren Beistand in Anspruch.

Wenn nun die Sicherheitsproduzenten ursprünglich stärker als die Konsumenten sind, können sie ihnen nicht leicht die Monopolherrschaft aufzwingen?

Daher sieht man überall am Anfang der Gesellschaften, dass die stärksten, kriegerischsten Geschlechter sich die ausschließliche Regierung der Gesellschaften verschafften; überall sieht man, wie diese Geschlechter sich in einem bestimmten, je nach Anzahl und Stärke mehr oder weniger ausgedehnten Umfang, das Sicherheitsmonopol verschafften.

Und da das Monopol seiner Natur nach äußerst gewinnbringend ist, sieht man auch überall, wie sich die mit dem Sicherheitsmonopol ausgestatteten Gruppen bittere Kämpfe liefern, um die *Ausdehnung ihres Marktes*, die Zahl ihrer *unfreiwilligen* Konsumenten und folglich ihren Gewinn zu vergrößern.

Krieg war die notwendige, unausweichliche Folge der Einrichtung des Sicherheitsmonopols.

Als weitere unvermeidliche Folge musste dieses Monopol alle anderen Monopole hervorbringen. Als die Produzenten der anderen Güter die Lage der Sicherheitsmonopolisten näher betrachteten, konnten sie nicht verkennen, dass nichts in der Welt vorteilhafter als das Monopol ist. Sie mussten daher ihrerseits versucht sein, durch dasselbe Vorgehenden Gewinn ihrer Industrie zu mehren. Doch was brauchten sie, um das Monopol des von ihnen hergestellten Gutes zum Nachteil der Konsumenten an sich zu reißen? Es bedurfte der Gewalt. Nun besaßen sie aber diese Gewalt nicht, die notwendig war, um die Widerstände der interessierten Konsumenten zu unterdrücken. Was taten sie also? Sie liehen sie gegen Bezahlung bei jenen aus, die sie besaßen. Sie erbaten und erhielten zum Preis bestimmter Gegenleistungen das ausschließliche Privileg, ihre Industrie in einem bestimmten, festgelegten Umfang auszuüben. Da die

Verleihung dieser Privilegien den Sicherheitsproduzenten schöne Geldsummen einbrachte, war die Welt bald mit Monopolen bedeckt. Arbeit und Tausch wurden überall behindert, gefesselt, und die Lage der Massen blieb denkbar schlecht.

Doch nach langen Jahrhunderten des Leidens und nachdem sich in der Welt nach und nach die Aufklärung verbreitet hatte, begannen die Massen, die dieses Netz aus Privilegien erstickte, sich gegen die Privilegien zu wenden und die *Freiheit*, das heißt die Unterdrückung der Monopole einzufordern.

Dieser Prozess spielte sich in vielerlei Variationen ab. Was geschah etwa in England? Das Geschlecht, das das Land regierte und militärisch organisiert war (der Adel), das an seiner Spitze einen erblichen Direktor (den König) hatte und einen ebenfalls erblichen Verwaltungsrat (die Kammer der Lords), setzte am Anfang den Preis der Sicherheit, über die es ein Monopol hatte, in einer ihm genehmen Höhe fest. Zwischen den Sicherheitsproduzenten und den Konsumenten gab es keine Verhandlung. Das war das System des *Absolutismus*. Doch war den Konsumenten im Laufe der Zeit ihre Anzahl und Stärke bewusst geworden. Sie erhoben sich gegen die Herrschaft reiner Willkür und erwirkten Verhandlungen mit den Produzenten über den Preis des Gutes. Zu diesem

Zweck ernannten sie Abgeordnete, die sich im *Unterhaus* versammelten, um den Steuersatz als Preis der Sicherheit zu diskutieren. So gelang es ihnen, weniger ausgepresst zu werden. Da die Mitglieder des Unterhauses jedoch unter dem direkten Einfluss der Sicherheitsproduzenten nominiert wurden, war die Verhandlung nicht offen, und der Preis des Gutes blieb weiterhin über seinem natürlichen Wert. Eines Tages erhoben sich die derart ausgebeuteten Konsumenten gegen die Produzenten und enteigneten sie ihrer Industrie. Sie unternahmen es

dann ihrerseits, diese Industrie zu betreiben, und wählten zu diesem Zweck einen Betriebsdirektor mit einem Rat an seiner Seite. So trat der Kommunismus an die Stelle des Monopols. Doch dieser Kombination war kein Erfolg beschieden, und zwanzig Jahre später wurde das ursprüngliche Monopol wiederhergestellt. Nur waren die Monopolisten weise genug, die Willkürherrschaft nicht wieder zu erneuern; sie akzeptierten die freie Verhandlung der Steuern, doch dabei achteten sie darauf, die Abgeordneten der Gegenseite unablässig zu korrumpieren. Sie stellten diesen Abgeordneten diverse Posten in der Sicherheitsverwaltung zur Verfügung und gingen sogar so weit, die Einflussreichsten in den Kreis ihres obersten Rates aufzunehmen. Sicherlich gibt es nichts gerisseneres als ein solches Verhalten. Die Sicherheitskonsumenten bemerkten jedoch am Ende diesen Missbrauch und verlangten eine

Parlamentsreform. Lange verweigert, wurde die Reform schließlich erkämpft, und seit dieser Zeit haben die Konsumenten eine merkliche Verminderung ihrer Lasten errungen.

Nachdem das Sicherheitsmonopol in Frankreich ebenso häufige Umschwünge und verschiedene Änderungen durchgemacht hat, ist es gerade zum zweiten Mal umgestürzt worden. Wie ehedem in England hat man das Monopol, das erst zu Gunsten einer Kaste und dann im Namen einer bestimmten Gesellschaftsklasse ausgeübt wurde, durch gemeinsame Produktion ersetzt. Die Allgemeinheit der Konsumenten, die wie Aktionäre angesehen werden, hat einen Betriebsdirektor auf eine bestimmte Zeit ernannt und eine Versammlung eingesetzt, die die Handlungen des Direktors und seiner Verwaltung kontrollieren soll.

Wir werden es mit einer einfachen Beobachtung zu diesem neuen System bewenden lassen.

Genau wie das Sicherheitsmonopol logischerweise alle anderen Monopole erzeugen musste, muss der Sicherheitskommunismus logischerweise alle anderen Kommunismen erzeugen.

Denn nur eines kann richtig sein:

Entweder ist die kommunistische Produktion der freien Produktion überlegen oder sie ist es nicht.

Wenn ja, so ist sie es nicht nur für die Sicherheit, sondern für alle Dinge.

Wenn nein, bestünde der *Fortschritt* unvermeidlich darin, sie durch die freie Produktion zu ersetzen.

Vollständiger Kommunismus oder vollständige Freiheit, das ist die Alternative!

VII.

Doch ist es vorstellbar, dass die Sicherheitsproduktion anders denn als Monopol oder Kommunismus organisiert ist? Ist vorstellbar, dass sie dem freien Wettbewerb überlassen bleibt?

Auf diese Frage antworten die sogenannten *politischen* Schriftsteller einmütig: Nein.

Warum? Wir werden euch sagen warum.

Weil diese Autoren, die sich speziell mit den Regierungen befassen, die Gesellschaft nicht kennen; weil sie sie für ein künstliches Werk halten, das zu verändern oder umzugestalten die Regierungen den Auftrag haben.

Um nun die Gesellschaft zu verändern oder umzugestalten, muss man notwendigerweise mit einer *Autorität* ausgestattet sein, die die der verschiedenen Einzelnen übertrifft, aus denen sie sich zusammensetzt.

Die Monopolregierungen behaupten, diese Autorität, die ihnen das Recht gibt, die Gesellschaft nach ihrem Belieben zu verändern oder umzugestalten und über Personen und Eigentum nach Gutdünken zu verfügen, von Gott selbst erhalten zu haben; die kommunistischen Regierungen berufen sich zu diesem Zweck auf die menschliche Vernunft, die sich in der Mehrheit des souveränen Volks zeige.

Doch besitzen die Monopolregierungen und kommunistischen Regierungen wirklich diese höhere, unwiderstehliche Autorität? Haben sie tatsächlich eine höhere Autorität als freie Regierungen sie haben könnten? Das ist es, was man prüfen muss.

VIII.

Wenn es stimmen würde, dass keine natürliche Organisation der Gesellschaft existiert; wenn es stimmen würde, dass die Gesetze, nach denen sie sich bewegt, beständig verändert oder umgestaltet werden müssten, so bräuchten die *Gesetzgeber* notwendigerweise eine unwandelbare, heilige Autorität. Als Fortführer der Vorsehung auf Erden müssten sie fast gottgleich respektiert werden. Wäre es ihnen andernfalls nicht unmöglich, ihrem Auftrag gerecht zu werden? Denn man greift nicht in die Geschäfte der Menschen ein, man unternimmt es nicht, sie zu lenken, sie zu ordnen, ohne täglich eine Unzahl von Interessen zu verletzen. Wenn die Treuhänder der Macht nicht angesehen würden, als gehörten sie zu einem höheren Wesen oder als hätten sie einen Auftrag der Vorsehung erhalten, würden die geschädigten Interessen Widerstand leisten.

Daher die Fiktion des Gottesgnadentums.

Diese Fiktion war sicherlich die denkbar beste. Wenn es gelingt, die Menge davon zu überzeugen, dass Gott selbst gewisse Menschen oder Geschlechter auserwählt hat, um der Gesellschaft Gesetze zu geben und sie zu regieren, wird offensichtlich niemand auch nur daran denken, sich gegen die von der Vorsehung

Erwählten aufzulehnen, und alles, was die Regierung unternähme, wäre wohlgetan. Eine Regierung göttlichen Rechts ist unvergänglich.

Doch nur unter der einen Bedingung, dass man an das Gottesgnadentum glaubt.

Wenn man jedoch auf den Glauben verfällt, dass die Führer der Völker ihre Eingebung nicht direkt von der Vorsehung selbst erhalten, dass sie rein menschlichen Antrieben gehorchen, wird der sie umgebende Nimbus verschwinden, und man wird ihren souveränen Entscheidungen ganz unehrerbietig Widerstand leisten, sowie man allem Widerstand leistet, was von Menschen kommt, wenn dessen *Nutzen* nicht klar dargelegt wird.

Es ist auch sonderbar zu sehen, mit welcher Sorgfalt die Theoretiker des Gottesgnadentums sich bemühen, die *Übermenschlichkeit* jener Geschlechter zu beweisen, die im Besitz der Regierung über die Menschen sind.

Hören wir zum Beispiel Joseph de Maistre:

„Der Mensch kann keine Souveräne machen. Er dient höchstens als Werkzeug, um einen Souverän zu enteignen und dessen Staat einem anderen Souverän, der bereits ein Fürst ist, zu übergeben. Übrigens hat es niemals eine souveräne Familie gegeben, der man einen plebejischen Ursprung nachweisen konnte. Träte dieses Phänomen einmal auf, so wäre dies ein neues Zeitalter.

[...] Es steht geschrieben: *Ich bin es, der die Herrscher macht*. Das ist keine religiöse Phrase, kein frommes Gleichnis; es ist schlicht und einfach die buchstäbliche Wahrheit. Es ist ein Gesetz der politischen Welt. Gott *macht* wortwörtlich die Könige. Er bereitet die Königsgeschlechter vor, er lässt sie inmitten einer Wolke, die ihren Ursprung verdeckt, heranreifen. Dann treten sie von *Ruhm und Ehre gekrönt* auf; sie ergreifen ihr Amt."[3]

Nach diesem System, das den Willen der Vorsehung in bestimmten Menschen Fleisch werden lässt und diese Erwählten, diese Gesalbten mit quasi göttlicher Autorität umgibt, haben die *Untertanen* offensichtlich keinerlei Rechte; sie müssen sich den Erlassen der souveränen Autorität *ohne Prüfung* unterordnen, als handelte es sich um Anordnungen der Vorsehung selbst.

---

[3] *Du principe générateur des constitutions politiques* [*Vom Entstehungsprinzip politischer Verfassungen*], Vorwort.

34

Der Körper ist ein Werkzeug der Seele, sagte Plutarch, und die Seele ist Werkzeug Gottes. Der Denkschule des Gottesgnadentums zufolge erwählt Gott gewisse Seelen und bedient sich ihrer als Werkzeuge, um die Welt zu regieren.

Glaubten die Menschen an diese Theorie, könnte gewiss nichts eine Regierung göttlichen Rechts erschüttern.

Unglücklicherweise haben sie vollständig aufgehört, daran zu glauben.

Warum?

Weil ihnen eines schönen Tages eingefallen ist, zu prüfen und nachzudenken, und beim Prüfen und Nachdenken haben sie entdeckt, dass ihre Regierungen sie nicht besser regierten als sie, die sie einfache Sterbliche ohne Verbindung mit der Vorsehung waren, es selber gekonnt hätten.

Die *freie Prüfung* hat die Fiktion des Gottesgnadentums dermaßen außer Kurs gesetzt, dass die Untertanen der Monarchen bzw. der Aristokratien göttlichen Rechts diesen nur in dem Maße gehorchen, wie sie glauben, ein *eigenes Interesse* am Gehorsam zu haben.

War der kommunistischen Fiktion mehr Glück beschieden?

Laut kommunistischer Theorie, deren Hohepriester Rousseau ist, steigt die Autorität nicht mehr von oben herab, sie kommt von unten. Die Regierung erbittet sie nicht mehr von der Vorsehung, sondern von den vereinigten Menschen, von der *einen, unteilbaren und souveränen* Nation.

Die Kommunisten, Anhänger der Volkssouveränität, nehmen folgendes an. Sie nehmen an, dass die menschliche Vernunft die besten Gesetze, die vollendetste Organisation, die der Gesellschaft zuträglich ist, zu entdecken vermag; und dass diese Gesetze in der Praxis infolge einer freien Aussprache zwischen den entgegengesetzten Meinungen entdeckt werden; dass bei mangelnder Einstimmigkeit, wenn es nach der Aussprache noch eine Spaltung gibt, das Recht bei der Mehrheit liegt, da sie die größte Zahl vernünftiger Einzelner einschließt (diese Einzelnen werden wohlgemerkt als gleich angenommen, sonst stürzt das ganze Gerüst zusammen); infolgedessen versichern sie, dass die Entscheidungen der Mehrheit das *Gesetz* ergeben müssen und dass die Minderheit gehalten ist, sich ihr unterzuordnen, selbst wenn dies ihre am tiefsten verwurzelten Überzeugungen und ihre teuersten Interessen verletzt.

Dies ist die Theorie; doch hat die *Autorität* der Mehrheitsentscheidungen in der Praxis diesen unwiderstehlichen, absoluten Charakter, den man ihr unterschiebt? Wird sie in jedem Fall von der Minderheit respektiert? Kann es so sein?

Ein Beispiel.

Nehmen wir an, dem Sozialismus gelänge es, sich unter den arbeitenden Klassen auf dem Land zu verbreiten, wie er sich bereits unter den arbeitenden Klassen der Städte verbreitet hat; dass er infolgedessen im ganzen Land die Mehrheit stellen würde und dass er, die Lage nutzend, eine sozialistische Mehrheit in die gesetzgebende Versammlung entsendete und einen sozialistischen Präsidenten ernennen würde; angenommen, dass, wie Herr Proudhon es fordert, diese Mehrheit und dieser Präsident, mit souveräner Autorität ausgestattet, von den Reichen eine Steuer von drei Milliarden erheben, um die Arbeit der Armen zu organisieren. Ist es wahrscheinlich, dass sich die Minderheit friedlich dieser unbilligen und absurden, aber legalen und *verfassungskonformen* Ausplünderung unterordnete?

Nein, ohne jeden Zweifel zögerte sie nicht, die *Autorität* der Mehrheit zu leugnen und ihr Eigentum zu verteidigen.

Also gehorcht man in diesem wie im zuvor besprochenen System den Treuhändern der Autorität nur, soweit man ein Interesse zu haben glaubt, ihnen zu gehorchen.

Was uns zu der Behauptung führt, dass die moralische Grundlage des Autoritätsprinzips in einem monopolistischen oder kommunistischen System weder so solide noch so breit ist als in einem System der Freiheit.

IX.

Angenommen, dass die Anhänger einer *künstlichen Organisation*, Monopolisten oder Kommunisten, dennoch recht hätten; dass die Gesellschaft nicht natürlich organisiert ist und dass den Menschen unaufhörlich die Aufgabe obliegt, die Gesetze, die sie regieren, zu machen und aufzuheben, so befände sich die Welt in einer bedauernswerten Lage. Da die moralische Autorität der Herrschenden *in Wirklichkeit* nur auf dem Interesse der Beherrschten beruht und da diese eine natürliche Neigung haben, allem, was ihre Interessen verletzt, zu widerstehen, muss physische Gewalt der verkannten Autorität unaufhörlich Beistand leisten.

Monopolisten und Kommunisten haben im übrigen diese Notwendigkeit vollkommen erkannt.

Wenn jemand versucht, sagt Herr de Maistre, sich der Autorität der von Gott Erwählten zu entziehen, so soll er dem weltlichen Arm überliefert werden und der Henker seines Amtes walten.

Wenn jemand die Autorität der vom Volk Erwählten verkennt, sagen die Theoretiker der Schule Rousseaus, wenn er einer beliebigen Entscheidung der Mehrheit widersteht, soll er als Verbrecher gegen das souveräne Volk bestraft werden, soll das Schafott darüber richten.

Beide Schulen, die die *künstliche Organisation* als Ausgangspunkt wählen, landen daher notwendigerweise beim gleichen Ende, beim TERROR.

X.

Man erlaube uns nun, eine einfache Hypothese aufzustellen.

Nehmen wir eine junge Gesellschaft an: Die Menschen, aus denen sie besteht, beginnen zu arbeiten und die Früchte ihrer Arbeit auszutauschen. Ein natürlicher

Instinkt sagt diesen Menschen, dass ihre Person, die Erde, die sie einnehmen und bearbeiten, sowie die Früchte ihrer Arbeit ihr *Eigentum* sind und dass niemand außer ihnen selbst das Recht hat, darüber zu verfügen oder es anzurühren. Dieser Instinkt ist nicht hypothetisch, er ist wirklich. Doch weil der Mensch ein unvollkommenes Geschöpf ist, kommt es vor, dass dieses Gespür für das Recht eines jedes einzelnen auf seine Person oder seine Güter sich nicht in allen Seelen im selben Maße findet und dass einzelne sich mit Gewalt oder List an der Person oder am Eigentum anderer vergreifen.

Daher die Notwendigkeit einer Industrie, die gewalttätige oder betrügerische Aggression verhütet oder bekämpft.

Angenommen, es käme ein Mensch oder ein Zusammenschluss von Menschen und sagte:

Ich verpflichte mich, gegen Entlohnung Angriffe auf Leib und Gut zu verhüten oder zu bekämpfen.

Alle, die ihre Person oder ihr Eigentum vor jeder Aggression schützen wollen, mögen sich an mich wenden.

Was werden die Konsumenten machen, bevor sie mit diesem *Produzenten von Sicherheit* ein Geschäft abschließen?

Erstens werden sie erkunden, ob er stark genug ist, sie zu beschützen.

Zweitens, ob er moralische Garantien bietet, so dass man von seiner Seite keine der Aggressionen fürchten muss, die zu bekämpfen seine Aufgabe wäre.

Drittens, ob kein anderer Sicherheitsproduzent, der gleiche Garantien vorweist, in der Lage ist, ihnen dieses Gut zu besseren Konditionen zu verschaffen.

Diese Konditionen können vielgestaltig sein.

Um imstande zu sein, den Konsumenten volle Sicherheit ihrer Person und ihres Eigentums zu garantieren und ihnen im Schadensfall einen dem erlittenen Verlust entsprechenden Ausgleich verschaffen zu können, wäre es in der Tat erforderlich:

1. dass der Produzent gewisse Strafen gegen Körperverletzung und den Raub von Eigentum einführt, und dass die Konsumenten es akzeptieren, sich diesen Strafen zu unterwerfen, falls sie sich selbst an Personen oder Eigentum vergehen;

2. dass er den Konsumenten bestimmte Unbequemlichkeiten zumutet, deren Zweck es ist, ihm das Aufspüren von Straftätern zu erleichtern;

3. dass er regelmäßig eine bestimmte Gebühr einzieht, um seine Produktionskosten wie auch den natürlichen Lohn für seinen Fleiß zu decken. Diese Gebühr wird je nach den Verhältnissen der Konsumenten, den besonderen Berufen, denen sie nachgehen, nach Umfang, Wert und der Art ihres Eigentums variabel sein.

Wenn diese für die Ausübung dieser Tätigkeit notwendigen Bedingungen den Konsumenten genehm sind, kommt das Geschäft zustande; wenn nicht, werden die Konsumenten entweder auf Sicherheit verzichten oder an einen anderen Produzenten herantreten.

Wenn man nun die besondere Natur der Sicherheitsindustrie betrachtet, wird man bemerken, dass die Produzenten gezwungen sein werden, ihr Geschäft auf bestimmte Gebiete zu beschränken. Sie kämen offensichtlich nicht auf ihre Kosten, wenn sie es sich einfallen ließen, eine Polizei in Orten zu unterhalten, wo sie nur einige Kunden haben. Ihre Kundschaft würde sich natürlicherweise um ihren Geschäftssitz scharen. Dennoch könnten sie die Lage nicht missbrauchen, um den Konsumenten Gesetze vorzuschreiben. Denn im Falle einer missbräuchlichen Erhöhung des Sicherheitspreises hätten diese immer noch die Möglichkeit, ihre Kundschaft einem neuen oder dem benachbarten Unternehmer zu gewähren.

Aus dieser dem Konsumenten überlassene Möglichkeit, die Sicherheit dort zu kaufen, wo es ihm beliebt, erwächst ein dauernder Wettstreit unter allen Produzenten, von denen sich jeder bemühen würde, seine Kundschaft durch günstige Preise oder eine raschere, umfassendere, bessere Justiz zu vergrößern oder zu erhalten.[4]

---

[4] Adam Smith, dessen bewundernswerte Beobachtungsgabe sich auf alle Dinge erstreckte, bemerkt, dass die Justiz in England durch den Wettbewerb, den sich die verschiedenen Gerichtshöfe lieferten, viel gewonnen hat. Er sagt: „Die Gerichtshonorare scheinen ursprünglich auch in England die hauptsächliche Einnahmequelle der Gerichtshöfe gewesen zu sein. Jeder Gerichtshof suchte so viele Geschäfte an sich zu ziehen, wie er konnte, und zog deshalb gern Rechtssachen in seine Gerichtsbarkeit, die eigentlich nicht dahin gehört hätten. Der Gerichtshof der königlichen Bank (Kingsbench), der nur für Kriminalsachen bestimmt war, erkannte auch in Zivilprozessen, indem der Kläger vorgab, dass der Beklagte, indem er ihm Gerechtigkeit verweigerte, sich eines Rechtseingriffes oder strafbaren Vergehens schuldig gemacht habe.

Sobald der Konsument dagegen nicht frei ist, die Sicherheit dort zu kaufen, wo es ihm beliebt, sieht man sogleich, wie sich der Willkür und der schlechten Geschäftsführung Tür und Tor öffnen. Die Justiz wird teuer und langsam, die Polizei schikanös, die Freiheit des Einzelnen wird nicht mehr respektiert, der Preis der Sicherheit ist missbräuchlich überhöht, er wird

---

Das Schatzkammergericht (Court of Exchequer), das zur Erhebung der königlichen Einkünfte und zur Beitreibung ausschließlich solcher Schuldzahlungen, welche Privatleute an den König abzutragen hatten, eingeführt worden war, erkannte auch über alle anderen Schuldsachen, indem der Kläger vorgab, dass er den König nicht bezahlen könne, weil der Beklagte ihn nicht bezahle. Durch solche Fiktionen kam es dahin, dass es in vielen Fällen ganz von den Parteien abhing, vor welchem Gerichtshofe sie ihre Sache verhandelt wissen wollten, und jeder Gerichtshof suchte durch größere Schnelligkeit und Unparteilichkeit so viel Prozesse als möglich in seinen Bereich zu ziehen. Vielleicht rührt die gegenwärtige bewundernswürdige Verfassung der englischen Gerichtshöfe großenteils von dem Wetteifer her, der früher zwischen ihren verschiedenen Richtern herrschte: Denn jeder Richter beeiferte sich, in seinem Gerichtshofe den Parteien die schnellste und wirksamste Rechtshilfe, welche das Gesetz für jede Art erlittenen Unrechts darbietet, angedeihen zu lassen.“ (*Ursachen des Volkswohlstands*, 5. Buch, Kap. 1)

ungleich erhoben, je nach der Gewalt, dem Einfluss, über den diese oder jene Klasse von Konsumenten verfügt, die Versicherer liefern sich heftige Kämpfe, um sich gegenseitig die Konsumenten zu entreißen; in einem Wort: man sieht alle dem Monopol oder Kommunismus innewohnenden Missbrauch massenhaft heraufziehen.

Unter der Herrschaft des freien Wettbewerbs verliert der Krieg unter den Sicherheitsproduzenten vollkommen seine Berechtigung. Warum sollten sie Krieg führen? Um Konsumenten zu erobern? Doch die Konsumenten würden sich nicht erobern lassen. Sie hüteten sich sicherlich davor, ihre Personen und ihr Eigentum von Männern sichern zu lassen, die ohne Skrupel die Person und das Eigentum ihrer Wettbewerber angetastet hätten. Wollte ein verwegener Sieger ihnen ein Gesetz aufzwingen, so riefen sie sofort alle freien Konsumenten zu Hilfe, die dieser Angriff bedrohte wie sie auch, und sie würden für Recht sorgen. Ebenso wie der Krieg die natürliche Folge des Monopols ist, ist der Friede die natürliche Folge der Freiheit.

In einem Regierungssystem der Freiheit unterschiede sich die natürliche Organisation der Sicherheitsindustrie nicht von der anderer Industrien. In kleinen Bezirken könnte ein einfacher Unternehmer ausreichen. Dieser Unternehmer vermachte sein Unternehmen seinem Sohn oder überließe es einem anderen Unternehmer. In ausgedehnten Bezirken vereinigte eine einzige Firma genügend Einnahmen auf sich, um bequem diese wichtige und schwierige Tätigkeit auszuüben. Gut geführt, könnte diese Gesellschaft leicht fortbestehen, und die Sicherheit bestünde mit ihr fort. Wie auch in den meisten anderen Produktionszweigen würde in der Sicherheitsindustrie diese letztere Organisationsform die erstere wahrscheinlich irgendwann ersetzen.

Einerseits wäre das die Monarchie, andererseits die Republik; doch die Monarchie ohne das Monopol und die Republik ohne den Kommunismus.

Auf beiden Seiten gälte die im Namen des *Nutzens* akzeptierte und geachtete und nicht die durch *Terror* aufgezwungene Autorität.

Daß sich eine solche hypothetische Situation verwirklichen könnte, das wird zweifellos bestritten werden. Doch auf die Gefahr hin, als Utopisten abqualifiziert zu werden, behaupten wir, dass dies unbestreitbar ist und dass eine aufmerksame Untersuchung der Tatsachen das Problem der Regierung, wie auch alle anderen ökonomischen Probleme, mehr und mehr zugunsten der Freiheit lösen wird. Was uns anbelangt, so sind wir davon überzeugt, dass sich eines Tages Vereinigungen bilden werden, um die *Freiheit der Regierung* einzufordern, so wie sie sich gebildet haben, um die Freiheit des Handels verlangen.

Und wir zögern nicht, hinzuzufügen, dass, nachdem dieser letzte Fortschritt gemacht und damit jedes künstliche Hindernis gegen die freie Wirkung der Naturgesetze, die die wirtschaftliche Welt regieren, beseitigt sein wird, die Lage der verschiedenen Mitglieder der Gesellschaft die *bestmögliche* geworden sein wird.

Zum Autor

Gustave de Molinari (1819-1912) war ein belgischer Ökonom. Er war ein Anhänger des Freihandels und gilt als Vorläufer des Anarchokapitalismus. Zeit seines Lebens setzte er sich für Frieden und Freiheit in all ihren Formen ein. Geprägt wurde er von den französischen Laissez-faire-Liberalen des 19. Jahrhunderts.

Zum Herausgeber

Tomasz M. Froelich, 1988 in Hamburg geboren, studierte an der Universität Wien Politikwissenschaften und Internationale Entwicklung und studiert an der Wirtschaftsuniversität Wien Sozioökonomie. Er betreibt das konsequent libertäre Internetportal www.freitum.de, das 2012 mit der Roland-Baader-Auszeichnung prämiert wurde.

Zu den Übersetzern

Jörg Guido Hülsmann, geboren 1966, ist ein in der Tradition der Österreichischen Schule stehender deutscher Ökonom und Universitätsprofessor. Er lehrt an der Universität Angers in Frankreich. Außerdem ist er Senior Fellow am Ludwig von Mises Institute in Auburn, Alabama.

Reinhard Stiebler, geboren 1964, kam erst nach dem Studium (u.a. Volkswirtschaftslehre) mit der Österreichischen Schule in Kontakt. Er hat im

Quarterly Journal of Austrian Economics veröffentlicht. Außer dem vorliegenden Artikel hat er die „Soireen in der Rue St. Lazare" vom selben Autor übersetzt (erhältlich auf www.mises.de), die die hier vorgestellten Prinzipien auch auf andere gesellschaftliche Gebiete ausdehnt.

Gustave de Molinari war ein fleißiger Schreiber, der außerdem auch noch folgende Werke veröffentlichte:

Études économiques. L'organisation de la liberté industrielle et l'abolition de l'esclavage, Paris 1846.

Les Soirées de la Rue Saint-Lazare. Entretiens sur les lois économiques et défense de la propriété, Paris 1849.

Les Révolutions et le Despotisme, envisagés au point de vue des intérêt matériels, Brüssel 1852.

Cours d'économie politique fait au musée royal de l'Industrie belge, Brüssel und Paris 1855, 2. Aufl. 1863.

Conversation sur le commerce des grains et la protection de l'agriculture, Paris 1855, 2. Aufl. 1886.

L'Abbé de Saint-Pierre, sa vie et ses oeuvres, Paris 1857.

De l'Enseignement obligatoire. Discussion entre M.G. de Molinari et M. Frédéric Passy, Paris 1859.

Napoléon III publiciste, analyse et appréciation de ses oeuvres, Brüssel 1861.

Questions d'économie politique et de droit publique, 2 vols., Paris 1861, 2. Aufl. 1877.

Lettres sur la Russie, Paris 1861, 2. Aufl. 1877.

Les Clubs rouges pendant le siège de Paris, Paris 1871.

Le mouvement socialiste et les réunions socialistes avant le 4.9.1870, suivi de la pacification des rapports du capital et du travail, Paris 1871.

La République tempérée, Paris 1873.

Lettres sur les États-Unis et le Canada, Paris 1876.

La Rue des Nations. Visites aux sections étrangères de l'Exposition universelle de 1878, Paris 1879.

L'Évolution économique du XIXe siècle. Théorie du progrès, Paris 1880.

L'Irlande, le Canada, Jersey. Lettres adressées au „Journal des débats", Paris 1881.

L'Évolution politique et la révolution, Paris 1884.

Conversations sur le commerce des grains et la protection de l'agriculture, Paris 1886, 2. Aufl. 1897.

À Panama. L'isthme de Panama, la Martinique, Haïti, Paris 1887.

Les lois naturelles de l'économie politique, Paris 1887.

La morale économique, Paris 1888.

Malthus. Essai sur le principe de population, Paris 1890.

Notions fondamentales d'économie politique et programme économique, Paris 1891.

Religion, 1ére +2éme éd., Paris 1892.

Précis d'économie politique et de morale, Paris 1893.

Les bourses du travail, Paris 1893.

Science et religion, Paris 1894.

Comment se résoudra la question sociale, Paris 1896.

La viriculture. Ralentissement du mouvement de la population. Dégénérescence. Causes et remèdes, Paris 1897.

Grandeur et décadence de la guerre, Paris 1898.

Esquisse de l'organisation politique et économique de la société future, Paris 1899.

Les problèmes du XX. siècle, Paris 1901.
Questions économiques à l'ordre du jour, Paris 1906.

L'évolution de l'histoire. Théorie de l'évolution, Paris 1908.

Von seinen im „Journal des Économistes" veröffentlichten größeren Schriften seien nur genannt:

Les droits sur les blés (Jahrg. 53, 1894).

L'économie de l'histoire (Jahrg. 54, 1895).

Le mécanisme naturel de la production et de la distribution des richesses (Jahrg. 55, 1896).

La concurrence limitée et ses effets (Dez. 1909). [nach: Handwörterbuch der Staatswissenschaften, 2. Aufl. 1900, 3.Aufl. 1910 und Encyclopedia Americana, 1948].

edition frei*t*um | #1

Freitum ist eine konsequent libertäre Internetplattform, die 2012 mit der Roland-Baader-Auszeichnung prämiert wurde und im deutschsprachigen Raum zu den bekanntesten libertären Adressen im World Wide Web zählt. Neben libertären Größen kommen vor allem jüngere Autoren zu Wort.

In der edition frei*t*um sollen peu à peu wichtige Beiträge zur Freiheit in Buchform herausgegeben und zu erschwinglichen Preisen angeboten werden.

Für weitere Informationen besuchen Sie uns im Internet: **www.freitum.de**.